LA VIE PUBLIQUE

DEVOIRS ET OBLIGATIONS DU CITOYEN

RÈGLEMENT GÉNÉRAL

DE

POLICE MUNICIPALE ET RURALE[1]

PAR

PAUL JULLIEN

Commissaire de Police en Algérie

[1] Ce règlement indique dans un sens général les devoirs et obligations du citoyen. MM. les Maires et Administrateurs sauront tenir compte, dans leurs arrêtés, des usages locaux et distinguer les modifications adéquates à leur localité.

BLIDA

IMPRIMERIE ADMINISTRATIVE A. MAUGUIN

Place d'Armes

1905

LA VIE PUBLIQUE

DEVOIRS ET OBLIGATIONS DU CITOYEN

RÈGLEMENT GÉNÉRAL

DE

POLICE MUNICIPALE ET RURALE [1]

PAR

Paul Jullien

Commissaire de Police en Algérie

[1] Ce règlement indique dans un sens général les devoirs et obligations du citoyen. MM. les Maires et Administrateurs sauront tenir compte, dans leurs arrêtés, des usages locaux et distinguer les modifications adéquates à leur localité.

BLIDA

IMPRIMERIE ADMINISTRATIVE A. MAUGUIN

Place d'Armes

1905

NOTE DE L'AUTEUR

J'ai constaté, depuis que je suis en fonctions, que la plupart des infractions journellement commises résultent généralement de l'ignorance de chaque citoyen des devoirs auxquels il est assujetti.

Or, il importe au maintien de la sûreté, de la salubrité et du bon ordre dans toutes les localités, de rappeler aux habitants leurs principales obligations en matière de police municipale, rurale, etc.

Il m'a paru que le moyen le plus efficace de prévenir ces infractions était de retracer dans un règlement public les principales obligations imposées par les lois et les règlements en vigueur ou à prendre en vue de cet ordre d'idées, afin que nul n'en ignore désormais.

C'est ce règlement que je publie en les 72 articles suivants. Il pourra être utile aux municipalités soucieuses de faire connaître à leurs administrés, d'une façon efficace, leurs devoirs vis-à-vis des lois, règlements et arrêtés, comme il me paraît indispensable que tout particulier en prenne connaissance afin de s'éviter, par défaut, des reproches et des contraventions.

P. J.

DEVOIRS ET OBLIGATIONS DU CITOYEN

RÈGLEMENT GÉNÉRAL

DE POLICE MUNICIPALE ET RURALE

PAR

PAUL JULLIEN

Commissaire de Police en Algérie

Lieux publics

ARTICLE 1ᵉʳ. — Les cabarets, cafés, billards, débits de boissons, etc., ne peuvent être ouverts avant le jour et doivent être fermés aux heures prescrites par l'Administration locale, sauf aux jours de fêtes énumérés dans la circulaire préfectorale du 3 novembre 1899, dans le département d'Alger, et par des actes administratifs de même nature, ailleurs.

ART. 2. — Il est défendu à tout cabaretier, débitant, etc., de garder chez lui aucune personne étrangère à son habitation après les heures fixées par les règlements.

Il est expressément enjoint à tout citoyen qui n'aurait pas son logement dans la maison même de se retirer des dits cabarets, cafés, etc., aux mêmes heures.

Art. 3. — Il est expressément enjoint aux débitants de faire avertir le Maire ou le Commissaire de police, lorsque les buveurs refuseront de sortir du cabaret aux heures fixées, ou lorsqu'il s'y passera des scènes de désordre.

Art. 4. — Les aubergistes et tous les habitants qui font métier de loger, doivent tenir un registre sur lequel ils inscriront de suite, et sans aucun blanc, les noms, qualités et domiciles habituels, dates d'entrée et de sortie de toute personne qui aura passée une nuit dans leurs maisons ; ils doivent présenter ce registre à toute réquisition des officiers de police.

Foires, Marchés, Fêtes

Art. 5. — La surveillance la plus grande est toujours exercée pour le maintien de l'ordre dans les foires et marchés, fêtes et réjouissances publiques. En conséquence, il est défendu à tous faiseurs de tours, marchands de chansons, bateleurs, charlatans, propriétaires de jeux, d'animaux curieux, de spectacles de toute espèce, de s'établir sur la voie publique sans en avoir obtenu la permission du Maire.

Cette permission est refusée toutes les fois que ces jeux, chansons, spectacles, présenteraient quelque chose de contraire à l'ordre, à la bonne foi, à la décence ou aux mœurs.

Art. 6. — Les marchands étalagistes doivent s'établir sur deux files, quand il y aura lieu, et aux emplacements désignés, en ayant soin de laisser l'espace nécessaire à la circulation.

Art. 7. — Le champ de foire destiné à la vente des bestiaux doit se tenir sur l'emplacement désigné par le Maire.

Art. 8. — Les danses publiques, les jeux et divertissements publics, n'ont lieu que sous l'approbation du Maire et aux emplacements désignés à cet effet.

Art. 9 — Les conducteurs de voitures, de gros bétail, d'animaux de charge ou de monture ne peuvent traverser le champ de foire ou lieu de la fête autrement qu'au pas.

Art. 10. — Il est défendu à toute personne de tirer, pendant la fête ou la foire, des pétards, boîtes ou pièces d'artifices, sans la permission du Maire.

Sûreté, Salubrité publiques

Art. 11. — Tout particulier qui aura été obligé d'amonceler des matériaux, de faire des excavations sur la voie publique, après toutefois en avoir obtenu la permission du Maire, ou d'y laisser séjourner, pendant la nuit, des charrettes, voitures, etc., est tenu, même en temps de lune, d'éclairer les objets qui forment embarras ou les excavations pratiquées.

Art. 12. — Il est défendu de rien jeter dans les rues qui puisse infecter l'air, non plus que des verres cassés ou autres objets qui pourraient blesser les personnes ou les animaux.

La vidange des fosses d'aisance ne peut être faite que sur la permission du Maire ; elle a toujours lieu la nuit.

Art. 13. — Les propriétaires ou locataires sont tenus de faire balayer chaque jour, et complètement, la voie publique devant leurs maisons, boutiques, cours et autres dépendances. Le balayage doit être terminé avant le passage de la voiture à ordures.

Art. 14. — L'expérience ayant démontré que la sonnerie des cloches pendant les orages cause souvent de funestes accidents en attirant la foudre, il est défendu à toute personne, et même au sonneur, de sonner les cloches pendant l'orage.

Incendies

Art. 15. — Tout propriétaire ou locataire est tenu de faire ramoner, deux fois par an. les cheminées où l'on fait habituellement du feu ; les boulangers, aubergistes, traiteurs, etc., rempliront la même obligation au moins tous les trois mois.

Art. 16. — Il est expressément défendu d'entrer dans les granges, greniers, écuries, greniers à foin, avec des pipes, des cigares, cigarettes, du feu, ou avec des lumières qui ne seraient point enfermées dans des lanternes bien closes ;

De porter du feu dans les rues ; d'y faire des feux de joie autres que ceux autorisés par le Maire ; d'y tirer des coups de fusil, des feux d'artifices ; d'y lancer des pétards et des fusées ;

De resserrer les bois, pailles, foins et fagots dans les lieux par où passent des tuyaux de cheminée, et près des forges, fours et fourneaux ;

D'allumer du feu dans les champs à moins de 100 mètres des maisons, bois. taillis, meules ou tout autre dépôt de matières combustibles.

Art. 17. — En cas d'incendie, tous maçons, charpentiers et autres ouvriers d'un état analogue, sont tenus, au premier signal du feu, de se transporter au lieu où il a éclaté, avec les ustensiles nécessaires et les instruments de leur état, pour y déférer aux réquisitions de l'autorité ayant pour objet d'éteindre le feu.

Art. 18. — Dans le même cas et dans celui d'inondation subite, de rupture de digues menaçant l'envahissement du territoire ou la sûreté des maisons d'habitation, tout citoyen est obligé de se rendre au lieu du danger, sur l'appel de l'autorité fait au son de la cloche ou autrement, pour y porter secours.

Police rurale

Art. 19. — Il est défendu de laisser les bestiaux à l'abandon, en quelque lieu que ce soit.

Lorsque des volailles sont en dégât, il est permis à celui qui éprouvera le dégât de les tuer, mais seulement sur le lieu et au moment du dégât.

Art. 20. — Tous les animaux ou bestiaux trouvés errants sur la voie publique, et dont le propriétaire ne sera pas connu, seront mis en fourrière, où ils resteront pendant huit jours s'ils ne sont pas réclamés.

Art. 21. — Il est enjoint à toutes personnes à cheval ou en voiture qui passent près des bestiaux, de modérer leur course, afin de ne point les blesser sur les chemins.

Art. 22. — Il est défendu de confier à des enfants la conduite de troupeaux de gros bétail.

Dans tous les cas, les bœufs reconnus pour être vicieux et les taureaux, menés au pâturage, à l'abreuvoir ou ailleurs, seront entravés.

Art. 23. — Il est défendu à tous propriétaires de porcs de les laisser errer sur les chemins. Dans tous les cas, ces animaux devront être ferrés ou bouclés.

Art. 24. — Il est défendu de couper, écorcer ou détériorer les arbres plantés sur les routes et chemins publics.

Art. 25. — Il est défendu de commettre aucune dégradation ou usurpation sur les chemins publics ou ruraux ;

De former, sans nécessité, sur les chemins ruraux ou autres, aucun dépôt de matériaux ou de tous autres objets qui puissent embarrasser la voie publique ou gêner la circulation ;

De déposer sur les chemins, pour y séjourner, des fumiers ou des choses de nature à compromettre la salubrité publique ;

D'enlever des chemins publics ou des propriétés communales, sans y avoir été dûment autorisé, des gazons, terres, pierres ou matériaux.

De combler les fossés, de dégrader les clôtures, de couper les branches de haies vives et d'enlever les bois secs des haies.

Affichage

Art. 26. — Les affiches de l'Administration sont apposées dans des endroits et des cadres spéciaux portant l'inscription : *Lois et actes de l'autorité publique.*

Il est défendu à tout particulier d'apposer dans ces locaux des affiches particulières, d'enlever, déchirer ou couvrir les affiches apposées par ordre de l'Administration ou de l'autorité judiciaire.

Aucune affiche faite par des particuliers ne pourra être apposée sans la permission de l'autorité municipale et sans qu'il en ait été déposé à la Mairie un exemplaire daté et signé par l'afficheur.

Aucun écrit, soit à la main, soit imprimé, gravé ou lithographié, contenant des nouvelles politiques, ne pourra être affiché ou placardé dans les rues, places ou autres lieux publics.

Toute affiche faite par des particuliers devra être sur du papier de couleur timbré, sous peine de l'amende prévue par les lois.

Toute affiche imprimée devra contenir le nom et la demeure de l'imprimeur.

Il est défendu d'enlever, arracher ou déchirer les affiches apposées légalement et suivant les formes prescrites. Il est également défendu de couvrir les dites affiches avant le délai de huit jours de leur apposition.

Aucune affiche de particuliers ne pourra être apposée sur les édifices appartenant à l'Etat, au département ou à la commune, ni sur les monuments publics.

Association illicite

ART, 27. — Nulle association de plus de vingt personnes, dont le but sera de se réunir à certains jours déterminés pour s'occuper d'objets religieux, littéraires, politiques ou autres, ne pourra se former qu'avec l'agrément du Gouvernement et sous les conditions qu'il plaira à l'autorité publique d'imposer à la Société.

Bains publics

ART. 28. — Dans les bains publics, un côté sera affecté aux hommes et l'autre côté aux femmes ; aucune personne d'un autre sexe ne doit être admise, sous quelque prétexte que ce soit, dans le cabinet occupé par une personne de l'autre sexe.

Les cabinets ne pourront être desservis que par des personnes du même sexe que celles qui les occupent.

Bals publics

Art. 29. — Personne ne doit entrer dans les salles de danses avec canne, bâton, arme, ni éperons ; ces objets doivent être laissés au dehors.

Quiconque troublera l'ordre à l'intérieur ou à l'extérieur des bals publics, sera arrêté à l'instant et procès-verbal sera dressé contre le perturbateur.

Bateaux à vapeur

Art. 30. — Il est expressément défendu aux bateaux à vapeur de naviguer à une vitesse autre que celle qui est prévue dans les règlements.

La charge du bateau doit être réglée de manière que la ligne de flottaison ne puisse pas être submergée et le nombre de voyageurs ne doit jamais être supérieur à celui qui aura été fixé.

A moins d'autorisation spéciale, aucun bateau ne doit quitter le port pendant la nuit, en temps de brouillard, de glace ou de débordement.

Lorsqu'il est autorisé à voyager la nuit, il doit porter constamment allumé, depuis le coucher jusqu'au lever du soleil, un fanal à la proue et un autre à la poupe, de couleurs différentes, afin d'indiquer le sens de sa marche.

Il doit y avoir à bord un registre où les passagers peuvent consigner leurs observations.

Enfouissement des bestiaux morts

Art. 31. — Les bestiaux morts doivent être enfouis dans la journée, à quatre pieds de profondeur, par le propriétaire et dans son terrain, ou voiturés à l'endroit désigné par la municipalité pour y être également enfouis.

Bouchers et Charcutiers

ART. 32. — Les bouchers et charcutiers ne pourront faire aucun étalage de viande que derrière un grillage en fer, et de manière que cet étalage ne fasse pas saillie sur la voie publique. Ils sont tenus de déclarer à chaque acheteur le poids exact de la viande qui lui est livrée.

Il leur est expressément défendu de vendre ou conserver des viandes insalubres ou corrompues.

Lorsque la taxe de la viande est établie, elle ne pourra être renouvelée que lorsque la nécessité en aura été reconnue. Elle sera basée sur les mercuriales officielles.

Les balances devront être tenues dans le plus grand état de propreté.

Boulangers

ART. 33. — Tout boulanger sera tenu de peser le pain, s'il en est requis par l'acheteur. A cet effet, il devra avoir, dans le lieu le plus apparent de sa boutique, des balances et un assortiment de poids métriques dûment poinçonnés.

Nul boulanger ne pourra vendre son pain au-dessus de la taxe légalement faite et publiée.

Les boulangers et débitants forains seront admis, concuremment avec les boulangers de la ville, à vendre ou faire vendre du pain sur les marchés et lieux publics aux jours qui seront désignés et en se conformant aux lois.

Carnaval et Masques

ART. 34. — Toute personne qui, en temps de carnaval, se montre dans les rues, passages, promenades et lieux publics, masquée, déguisée ou travestie, ne peut porter ni arme, ni bâton.

Aucun individu ne peut prendre de déguisements qui seraient de nature à troubler l'ordre public ou à blesser la décence ou les mœurs, ni porter aucun insigne ni costume ecclésiastique ou religieux appartenant aux ministres d'un culte reconnu par l'Etat ou appartenant à un fonctionnaire public.

Il est défendu à toutes les personnes masquées, déguisées ou travesties, d'insulter qui que ce soit par des invectives, des mots grossiers ou paroles contraires à la morale publique.

Elles ne peuvent pareillement s'arrêter sur la voie publique pour y tenir des discours indécents ou y provoquer les passants par des gestes ou paroles contraires à la morale publique.

Il est également défendu à tout individu masqué ou non masqué, de jeter dans les maisons, dans les voitures ou sur les personnes, aucun objet qui puisse blesser, endommager ou salir les vêtements.

Chiens sans colliers ou errants

ART. 35. — Tous les chiens doivent porter autour du cou un collier portant le nom du propriétaire. La rage, lorsqu'elle est constatée chez des animaux de quelque espèce qu'ils soient, entraîne l'abatage de l'animal, et il ne peut être différé sous aucun prétexte. Les chiens et les chats suspects de rage doivent être immédiatement abattus. Le propriétaire de l'animal suspect est tenu, même en l'absence d'un ordre des agents de l'Administration, de pourvoir à l'accomplissement de cette prescription.

Cimetières et Inhumations

ART. 36. — Il est défendu d'entrer dans les cimetières européens en voiture ou à cheval, d'y introduire des bestiaux ou animaux quelconques, de pénétrer dans les carrés autrement que par les allées, de toucher aux tombes, arbres, arbustes, fleurs, etc.

Drapeaux et Emblêmes

ART. 37. — Il est interdit à tous les industriels, sans distinction, d'arborer le Drapeau national, sauf les jours de fêtes publiques, comme enseigne ou réclame.

Utilisation des Eaux

ART. 38. — Nul ne peut se prétendre propriétaire exclusif des eaux d'un fleuve ou d'une rivière navigable ou flottable. En conséquence, tout propriétaire riverain peut, en vertu du droit commun, y faire des prises d'eau, sans néanmoins, en détourner ni embarrasser le cours d'une manière nuisible au bien général et à la navigation établie.

Personne ne peut inonder l'héritage de son voisin, ni lui transmettre volontairement les eaux d'une manière nuisible, sous peine de lui payer le dommage et une amende qui ne pourra excéder la somme du dédommagement.

Enseignement primaire obligatoire

Art. 39. — L'instruction primaire est obligatoire pour les enfants des deux sexes âgés de 6 ans révolus à 13 ans révolus ; elle peut être donnée soit dans les établissements d'instruction primaire ou secondaire, soit dans les écoles publiques et libres laïques, soit dans les familles par le père de famille lui-même ou par toute autre personne qu'il aura choisie.

Epizootie

Art. 40. — Tout propriétaire, toute personne ayant à quelque titre que ce soit, la charge des soins ou la garde d'un animal atteint ou soupçonné d'être atteint d'une maladie contagieuse, est tenu d'en faire immédiatement la déclaration au Maire. L'animal atteint ou soupçonné d'être atteint d'une maladie contagieuse devra être aussitôt, et avant même que l'autorité administrative ait répondu à l'avertissement. séquestré, séparé ou isolé, autant que possible, des autres animaux susceptibles de contracter cette maladie.

Filles publiques

Art. 41. — Il est défendu à toutes femmes et filles de débauche de raccrocher les passants dans la rue.

Il est également défendu à tous propriétaires ou locataires, de louer ou sous-louer les maisons dont ils sont propriétaires ou locataires, à d'autres personnes qu'à des personnes de bonnes vie et mœurs, et si ces mêmes locataires ou propriétaires louent à des femmes de débauche, ils doivent en faire la déclaration au Commissaire de police dans les vingt-quatre heures.

Il est enjoint à toutes personnes tenant hôtels, maisons et chambres garnies au mois ou à la quinzaine, à la huitaine ou à la journée, de donner asile dans leurs maisons et chambres garnies à des individus sans aveu, des femmes et filles de débauche, de ne souffrir dans les chambres particulières des hommes et des femmes prétendus mariés, qu'en se faisant présenter des actes réguliers.

Halles, Foires, Marchés, Abattoirs, Voies publiques

Art. 42. — Il est défendu d'allumer des feux dans les halles et marchés.

Il est défendu aussi de se servir de lumières non renfermées dans des lanternes.

Il est également défendu de faire du feu sur les ports, quais et berges, sans autorisation, et les personnes autorisées à s'introduire la nuit dans les ports ne peuvent y entrer avec de la lumière qu'autant qu'elle est renfermée dans une lanterne.

Il est expressément défendu de brûler de la paille sur aucune partie de la voie publique, dans les cours, jardins et terrains particuliers.

Police sanitaire

Art. 43. — Les maladies des animaux qui sont réputées contagieuses sont :

La *peste bovine* dans toutes les espèces de ruminants ;

La *péripneumonie contagieuse* dans l'espèce bovine ;

La *clavelée* et *la gale* dans les espèces ovine et caprine ;

La *fièvre aphteuse* dans les espèces ovine, bovine, caprine et porcine ;

La *morve*, le *farcin*, la *dourine,* dans les espèces chevaline et asine ;

La *rage* et le *charbon* dans toutes les espèces.

Réunions publiques

Art. 44. — Toute réunion publique doit être précédée d'une déclaration indiquant le lieu, le jour et l'heure de la réunion. Les déclarants devront jouir de leurs droits civils et politiques. Les déclarations sont faites au Préfet, au sous-Préfet ou au Maire.

La déclaration fera connaître si la réunion a pour but une conférence, une discussion publique ou si elle doit constituer une réunion électorale.

La réunion électorale est celle qui a pour but le choix ou l'audition de candidats à des fonctions publiques électives, et à laquelle ne peuvent assister que les électeurs de la circonscription, les candidats, les membres des deux chambres et le mandataire de chacun des candidats.

Les réunions ne peuvent être tenues sur la voie publique et elles ne peuvent se prolonger au-delà de la fermeture des établissements publics.

Chaque réunion doit avoir un bureau composé de trois personnes au moins. Le bureau est chargé de maintenir l'ordre, d'empêcher toute infraction aux lois, de conserver à la réunion le caractère qui lui a été donné par la déclaration, d'interdire tout discours contraire à l'ordre public et aux bonnes mœurs ou contenant provocation à un acte qualifié crime ou délit.

Le droit de dissolution de la réunion ne doit être exercé par le représentant de l'autorité qui est délégué pour assister à la réunion que s'il en est requis par le bureau ou s'il se produit des collisions et voies de fait.

Voirie

ART. 45. — L'entrepreneur est, comme le propriétaire, responsable des constructions rejoignant la voie publique, soit sans autorisation préalable, soit en dehors des conditions prescrites par l'arrêté d'autorisation, qui ne doit pas lui être notifié personnellement.

Les ouvriers et artisans, tels que maçons et serruriers, qui concourent aux travaux de construction exécutés sur la voie publique, sans l'autorisation nécessaire, sont passibles d'une amende comme le propriétaire.

L'autorisation de construire sur la voie publique doit être écrite. Si elle a été donnée avec conditions, elle ne vaut que dans le cercle de ces conditions.

L'autorisation de construire doit être mise à exécution dans l'année de son obtention, sous peine de péremption. Mais lorsque les travaux ont commencé immédiatement après l'autorisation et n'ont pas discontinué, ils sont justifiés par l'autorisation, encore bien qu'ils aient duré plusieurs années si, d'ailleurs, l'autorisation n'imposait aucune limite de temps.

Sont soumis à l'autorisation préalable du Maire les travaux de toute nature aux bâtiments joignant la voie publique, même non sujets à reculement, et quoiqu'il n'existe pas de plan d'alignement.

En matière d'alignement, la contravention est consommée et l'amende encourue par le fait que les travaux sont commencés à une date antérieure à l'autorisation écrite de l'autorité compétente. Mais la démolition ne sera pas ordonnée si l'on s'est conformé au véritable alignement.

Les empiétements sur la voie publique ne sauraient être protégés par la prescription et fonder un droit acquis au profit de ceux qui les ont commis et la suppression des travaux pourra toujours être ordonnée.

Bacs et Bateaux

ART. 46. — Les bachots, batelets, nacelles, chaloupes et tous autres bateaux analogues employés à naviguer sur les cours d'eau publics et dans l'étendue d'une commune, ne peuvent y stationner qu'en vertu d'une permission délivrée par le Maire. Cette permission peut être retirée en cas d'abus.

Les dites embarcations devront porter un numéro d'ordre indiqué sur la permission, et ce numéro devra être peint à droite et à gauche de l'avant et de l'arrière du bateau, au-dessus de la ligne de flottaison et en chiffres très apparents.

Les chaloupes naviguant à la voile devront, en outre, porter sur leur toile, le numéro d'ordre qui leur aura été donné.

Les bateaux devront être solidement enchaînés tous les soirs au lieu de garage indiqué sur la permission.

Les bachots destinés à conduire le public devront être à fond plat et de construction solide. Ils devront, en tout temps, être munis de leur gouvernail sans barre, de deux paires de rames, d'une écope, d'un croc, d'un cordage avec une petite ancre ou grapin, et de bancs pour asseoir les voyageurs.

Tout bachot reconnu en mauvais état doit être consigné.

Les bachots publics ne devront être conduits que par des mariniers munis d'une permission spéciale et âgés de 21 ans, au moins. Ils sont tenus de présenter cette permission chaque fois qu'ils en sont requis.

Il leur est défendu de monter sur leur bateau en état d'ivresse.

Les passagers devront rester assis dans les bachots jusqu'au moment du débarquement et les bachoteurs ne devront opérer le débarquement des passagers qu'aux lieux qui présenteront sécurité et facilité pour cette opération.

Abreuvoirs publics

ART. 47. — Les abreuvoirs sont construits de manière qu'ils aient un abord facile.

Il est défendu aux femmes de conduire des chevaux aux abreuvoirs.

Le conducteur doit avoir 18 ans au moins. Il est aussi défendu de conduire aux abreuvoirs plus de trois chevaux à la fois et de les mener autrement qu'au pas.

Il est également interdit d'y mener les chevaux et les bestiaux pendant la nuit, d'y laver du linge, d'y jeter des ordures, des cadavres d'animaux et autres immondices et d'y conduire des animaux infestés de maladies contagieuses.

Billards publics

ART. 48. — Aucun particulier, dans l'étendue de la commune, ne peut tenir un billard public sans l'autorisation préalable du Préfet.

Est réputé billard public, tout billard établi dans une maison ouverte au public.

Tout maître de billard est tenu de mettre à l'extérieur de son établissement une inscription portant les mots : *Billard public.*

Il est défendu aux maîtres de billard de recevoir dans leur jeu les vagabonds et les gens sans aveu. Tout billard qui serait connu pour être fréquenté habituellement par ces individus doit être fermé.

Les maîtres de billard sont également tenus de veiller à ce qu'il ne se commette aucune malversation au jeu dans leur maison, à peine de retrait de la permission, et sans préjudice des poursuites à exercer contre eux judiciairement.

Les règles connues du jeu de billard seront toujours affichées dans les salles.

Les billards doivent se fermer aux mêmes heures que les cafés et cabarets.

Les officiers de police peuvent toujours entrer dans ces lieux, soit de jour, soit de nuit, pour prendre connaissance des désordres ou contraventions aux réglements, ou pour y remplir toute autre fonction de leur ministère.

Cafés-concerts

ART. 49. — Aucun café-concert ne peut être ouvert qu'en vertu d'une autorisation de M. le Préfet.

Il est interdit aux propriétaires des cafés et autres établissements publics d'avoir dans leurs établissements, sans l'autorisation de M. le Préfet, des chanteurs, bateleurs et musiciens, et d'y faire exécuter des chants, déclamations, parades et concerts.

Le tarif des objets de consommation et le programme du concert du jour seront ostensiblement affichés dans l'intérieur des établissements autorisés.

Tout chant contraire à l'ordre ou à la morale y est interdit.

Il est défendu de faire usage à l'orchestre d'aucun instrument bruyant de manière à troubler le repos public.

Un double du programme de chaque concert devra être remis vingt-quatre heures, au moins à l'avance, à M. le Commissaire de police et aucune modification ne pourra être apportée à ce programme sans lui en rendre compte.

En outre, les propriétaires et entrepreneurs de cafés concerts sont soumis aux obligations résultant des réglements sur la police des lieux publics et des conditions spéciales sous lesquelles la permission aura été accordée.

Saltimbanques, Bateleurs, Escamoteurs, Joueurs d'orgues, Musiciens ambulants et Chanteurs

Art. 50. — Tout individu qui voudra se livrer à l'exercice de la profession de saltimbanque, bateleur, escamoteur, joueur d'orgue, musicien ambulant et chanteur, doit en faire la demande au Préfet, en joignant à sa pétition un certificat de bonnes vie et mœurs délivré par le Maire ou le Commissaire de police.

Tout individu permissionné qui changera de domicile devra faire connaître immédiatement sa nouvelle résidence à l'Administration en produisant un certificat délivré par le Maire ou le Commissaire de police où il s'établira.

Art. 51. — Il est défendu à tous saltimbanques, escamoteurs, joueurs d'orgues, musiciens ambulants et chanteurs, de s'établir sur la voie publique et d'y exercer leur profession, sans en avoir obtenu l'autorisation à la mairie, et cette autorisation n'est accordée qu'à ceux munis déjà d'une permission de l'autorité supérieure.

Tous les individus de l'une des professions mentionnées ne peuvent exercer d'autre industrie que celle spécifiée dans les permissions qui leur auront été délivrées, ni stationner sur d'autres points que ceux qui leur auront été indiqués à la mairie.

Il est expressément défendu à tous individus de l'une des professions ci-dessus mentionnées, de se faire accompagner par des enfants âgés de moins de 16 ans.

Il leur est également défendu de pronostiquer ou d'expliquer les songes.

Les chanteurs ne peuvent chanter ou mettre en vente d'autres chansons que celles qui seront revêtues de l'estampille de l'Administration.

Tout saltimbanque, bateleur, escamoteur, joueur

d'orgue, musicien ambulant et chanteur, est tenu, à la première réquisition des agents de l'autorité, de cesser de jouer, chanter et exercer son industrie dans les lieux publics où l'injonction lui en sera faite, comme aussi d'exhiber en tout temps, aux officiers de police, la permission qu'il aura obtenue.

Charlatans

ART. 52. — Les charlatans ne peuvent débiter leurs remèdes sur les places publiques qu'après en avoir obtenu la permission du Maire à qui ils doivent produire leurs diplômes ou le titre d'après lequel ils peuvent exercer la médecine.

Coalition d'ouvriers

ART. 53. — Toute coalition de la part des ouvriers pour faire cesser en même temps de travailler, interdire le travail dans un atelier, empêcher de s'y rendre et d'y rester avant ou après de certaines heures, et, en général, de suspendre, empêcher, enchérir les travaux, s'il y a eu tentative ou commencement d'exécution, est punie d'un emprisonnement de un à trois mois. Les chefs ou moteurs sont punis d'un emprisonnement de deux à cinq ans.

Colporteurs

ART. 54. — Tous distributeurs ou colporteurs de livres, écrits, brochures, gravures et lithographies, doivent être pourvus d'une autorisation qui leur sera délivrée par M. le Préfet de leur département. Ces autorisations peuvent toujours être retirées par les autorités qui les auront délivrées.

L'autorisation donnée par le Préfet ne s'applique qu'au département qu'il administre. Tout colporteur qui se rend d'un département dans un autre doit obtenir de la préfecture une nouvelle autorisation. Dans tous les cas, les colporteurs doivent justifier à toute réquisition des juges de paix, maires, adjoints, commissaires de police, agents de la police municipale et gendarmes : 1° de l'autorisation dont ils sont nantis ; 2° du catalogue des écrits et livres qu'ils colportent. Ils ne peuvent s'opposer à ce que leurs déclarations soient contrôlées et à ce qu'on visite scrupuleusement leurs ballots et marchandises.

Chaque exemplaire d'un ouvrage quelconque, écrit ou gravure, renfermé dans la balle d'un colporteur, doit être frappé d'un timbre spécial à chaque préfecture et apposé dans les bureaux de la préfecture. Tout ouvrage qui ne portera pas cette estampille sera immédiatement saisi.

Poudre

ART. 55. — Tout individu qui, sans y être autorisé légalement, aura distribué ou fabriqué de la poudre, ou sera détenteur d'une quantité quelconque de poudre de guerre, ou de plus de deux kilogr. de toute autre poudre, est puni d'un emprisonnement de un à deux ans, sans préjudice des autres peines édictées par la loi.

Décorations

ART. 56. — Toute personne qui aura publiquement porté un costume ou une décoration qui ne lui appartiendra pas, est punie d'un emprisonnement de six mois à deux ans. Un français ne peut ni porter, en France, ni même recevoir une décoration étrangère sans l'autorisation du Gouvernement. Le prévenu du port illégal d'une décoration étrangère ne peut être excusé sous prétexte qu'il a réellement reçu cette distinction d'un souverain étranger, s'il ne justifie en même temps d'une autorisation qui lui a permis d'accepter la décoration.

Dégradations à un bâtiment

Aʀt. 57. — Quiconque aura détruit, abattu, mutilé ou dégradé des monuments, statues et autres objets destinés à l'utilité ou à la décoration publique et élevés par l'autorité publique ou avec son autorisation, est puni d'un emprisonnement d'un mois à deux ans et d'une amende de 100 à 500 francs.

Déménagement furtif

Aʀt. 58. — Les propriétaires ou principaux locataires sont garants des impositions dues par un locataire déménagé, s'ils n'ont pas fait constater dans les trois jours le déménagement furtif par le Commissaire de police, le Juge de paix ou le Maire.

La même garantie a lieu dans le cas du déménagement du locataire avant l'expiration du bail ou du terme du loyer, et aussi à leur expiration, si un mois avant cette expiration ils n'en ont pas prévenu le Receveur des Contributions diverses (percepteur) qui en donne certificat.

La garantie ci-dessus est toujours, sauf le recours du propriétaire ou principal locataire.

Sur la réquisition du propriétaire ou principal locataire, le Maire ou Commissaire de police délivre, sur papier timbré, un certificat du déménagement furtif.

Dénonciations

Art. 59. — Toute personne qui aura été témoin d'un attentat, soit contre la sûreté publique, soit contre la vie ou la propriété d'un individu, est tenue d'en donner avis au Procureur de la République, soit du lieu du crime ou délit, soit du lieu où le prévenu pourra être trouvé.

Les dénonciations seront rédigées par les dénonciateurs ou par leurs fondés de procuration spéciale, ou par le Procureur de la République s'il en est requis. Les Maires, Adjoints et Commissaires de police reçoivent également les dénonciations.

Le désistement d'une dénonciation ou d'une plainte doit être formé dans les vingt-quatre heures par le dénonciateur ou le plaignant et par devant l'officier municipal ou de police qui a reçu la dénonciation ou la plainte, laquelle se trouve par le fait du désistement, comme non avenue. Toutefois, si la dénonciation ou la plainte intéresse l'ordre public, elle sera poursuivie d'office, s'il y a lieu.

———✂———

Disparition d'un individu de son domicile

Art. 60. — Dès qu'une personne est disparue de son domicile, les parties intéressées, ou même les voisins, doivent en faire la déclaration au Commissaire de police du lieu ou au Maire de la localité, en indiquant les nom, prénoms, profession, signalement et domicile de la personne absente et les circonstances de la disparition.

S'il n'y a pas de présomption que l'individu soit mort dans son habitation, le Maire ou le Commissaire de police reçoit la déclaration qu'il transmet au Juge de paix pour les opérations civiles et conservatoires. Si la présomption existe, l'officier public se transporte sur les lieux et fait ouvrir la porte de l'absent en présence de deux témoins avec lesquels il entre dans les lieux et procède en leur présence. Il dresse procès-verbal du tout.

Déclaration de domicile

ART. 61. — Le changement de domicile s'opère par le fait d'une habitation réelle dans un autre lieu, joint à l'intention d'y fixer son principal établissement.

La déclaration doit être faite à la mairie de la commune que l'on quitte et à celle où l'on veut fixer son domicile.

Quant au domicile politique, la déclaration de changement doit être faite au greffe du Tribunal de première instance.

Effets militaires

ART. 62. — Il est défendu à tout soldat de vendre ses armes ou son équipement et à toute personne de les acheter.

Empoisonnement de bestiaux

ART. 63. — Quiconque aura empoisonné des chevaux ou autres bêtes de voiture, de monture ou de charge, des bestiaux à cornes, des moutons, chèvres ou porcs, ou des poissons dans des étangs, viviers ou réservoirs, est puni d'un emprisonnement d'un an à cinq ans et d'une amende de 16 à 300 francs.

Enfants

ART. 64. — La disparition d'un enfant est publiée par les soins du Maire dans la commune pour procéder à des recherches. Si elles sont infructueuses, le Maire transmet au Procureur de la République la déclaration

du père de l'enfant et en adresse une copie au sous-
Préfet, afin que par la voie du Recueil des actes administratifs de la préfecture, avis de la disparition de l'enfant
soit donné dans les autres communes du département.

Ceux qui auront porté à un hospice un enfant
au-dessous de sept ans accomplis, qui leur aurait été
confié afin qu'ils en prissent soin, ou pour toute autre
cause, seront punis d'un emprisonnement et de
l'amende. Toutefois, aucune peine ne sera prononcée,
s'ils n'étaient pas tenus ou ne s'étaient pas obligés de
pourvoir gratuitement à la nourriture et à l'entretien
de l'enfant, et si personne n'y avait pourvu.

Epiciers, Droguistes

Art. 65. — Les épiciers et droguistes ne peuvent
vendre aucune composition ou préparation pharma-
ceutique, sous peine de 500 francs d'amende. Ils peuvent
faire le commerce en gros de drogues simples, sans pou-
voir néanmoins en débiter aucune au poids médicinal.

Etalages sur la voie publique

Art. 66. — Défense est faite à toute personne d'étaler
des marchandises quelconques sur la voie publique,
ainsi que dans les promenades, marchés et foires, sans
une permission de l'autorité municipale.

Pour obtenir une permission d'étalagiste, on remettra
à la Mairie une demande énonçant : 1° les noms, prénoms, âge, lieu de naissance et domicile du pétition-
naire ; 2° s'il est marié, veuf, père de famille ; 3° sa
profession ; 4° la nature des objets qu'il se propose de
vendre ; 5° l'emplacement qu'il désire occuper, ainsi
que le mode d'étalage dont il entend faire usage.

Les permissions accordées spécifient les marchandises
dont se compose l'étalage et fixent l'emplacement qu'il
doit occuper.

Elles sont personnelles et ne peuvent, par conséquent, être cédées, prêtées, louées ou vendues.

Dans le cas où l'étalagiste laisserait sa place vacante pendant un mois sans en avoir prévenu le Commissaire de police, il sera considéré comme y ayant renoncé.

La permission délivrée n'est valable que pour un an et est soumise au visa du Commissaire de police. Elle est révocable en tout temps, soit temporairement, soit indéfiniment. En conséquence, l'étalagiste doit se retirer et rendre la place libre à la première réquisition de l'autorité, sans être en droit de réclamer aucune indemnité en cas de révocation de sa permission.

Après la délivrance de la permission, et avant d'en faire usage, tous les marchands étalagistes, à l'exception des marchands de menus comestibles, qui sont seuls exemptés par la loi, devront se pourvoir de patentes ou d'un certificat d'exemption de l'Administration des Contributions directes, sous peine de voir leurs marchandises confisquées et séquestrées jusqu'à la présentation d'une patente.

Cette patente, ainsi que la permission, seront représentées à toute réquisition des Commissaires et agents de police.

L'étalagiste placera en vue une plaque sur laquelle figurera le numéro de sa permission.

Il ne pourra vendre que les marchandises indiquées dans sa permission ; il nettoiera chaque jour sa place.

Est révoqué de droit la permission de tout étalagiste qui emploierait l'emplacement qu'il aurait obtenu à un usage différent de celui pour lequel il aurait été autorisé à l'occuper.

Les étalages ou montres de marchands en boutique fixe ne peuvent être placés sans une autorisation du Maire, accordée sur l'avis de l'architecte-voyer.

Il est défendu aux marchands en magasin ou boutique d'établir des tréteaux, tables, bancs ou autres appareils au-devant de leurs magasins, sur le pavé des rues et places.

Inhumations

Art. 67. — Aucune inhumation ne peut être faite sans une autorisation écrite de l'officier de l'état civil. Cette autorisation est délivrée sur papier et sans frais.

Jeux de hasard et Loteries

Art. 68. — Sont punis d'une amende de 6 à 10 fr. inclusivement : ceux qui auront établi ou tenu dans les rues, chemins, places ou lieux publics, des jeux de loterie ou d'autres jeux de hasard. Seront saisis et confisqués les tables, instruments, appareils des jeux ou des loteries établis dans les lieux publics, ainsi que les enjeux, les fonds, denrées, objets ou lots proposés aux joueurs.

Lait

Art. 69. — Le lait exposé en vente ou porté à domicile doit être toujours pur et sans mélange.

Le lait falsifié est saisi et répandu sur la voie publique.

Il est défendu de le mettre ou de le mesurer dans des vases de cuivre.

Les marchands de lait sont tenus de se servir de mesures dûment vérifiées et poinçonnées.

Confiseurs

Art. 70. — Les confiseurs-pastilleurs ne doivent employer aucun mélange dans lequel entreraient des substances nuisibles pour colorier les bonbons, pastilles, dragées et liqueurs.

Il est important d'apporter beaucoup de soins dans

le choix du papier colorié et du papier blanc qui servent à envelopper les bonbons. Les papiers lissés, blancs ou coloriés, sont souvent préparés avec des substances minérales très dangereuses.

Le papier colorié avec des laques végétales peut être employé sans inconvénient.

Logements insalubres

Art. 71. — Il est constitué dans chaque commune une commission d'hygiène chargée de rechercher et indiquer les mesures indispensables d'assainissement des logements et dépendances insalubres mis en location ou occupés par d'autres personnes que le propriétaire, l'usufruitier ou l'usager. Sont réputés insalubres les logements qui se trouvent dans des conditions de nature à porter atteinte à la vie ou à la santé de leurs habitants.

Outrages

Art. 72. — L'outrage fait par gestes ou menaces à un magistrat dans l'exercice de ses fonctions, est puni d'un mois à six mois d'emprisonnement.

L'outrage fait par gestes ou menaces à tout officier ministériel ou agent dépositaire de la force publique dans l'exercice ou à l'occasion de l'exercice de ses fonctions, est puni d'une amende de 16 à 200 fr. La peine est de six jours à un mois d'emprisonnement, si l'outrage a été dirigé contre un Commandant de la force publique.

Tout outrage à la morale publique et aux bonnes mœurs est puni d'un emprisonnement de un mois à un an et d'une amende de 16 à 500 fr.

Boghari, le 18 Mai 1905.